JN410891

내 시 속에서 쉬고 싶

최용만 시집

인지
생략

들꽃시선 116
내 시 속에서 쉬고 싶다

지은이/최용만
펴낸이/문창길
초판인쇄/2013년 3월 20일
초판펴냄/2013년 3월 25일
펴낸곳/도서출판 들꽃
주 소/100-273 서울 중구 필동3가 28-1 서울캐피탈빌딩 B202호
전 화/02)2267-6833, 2273-1506
팩 스/02)2268-7067
출판등록/제5-313호(1992. 5. 15)
E-mail:dlkot108@hanmail.net

값 10,000원
* 파본된 책은 바꾸어 드립니다.

ISBN 978-89-6143-162-0 04810
ISBN 978-89-951327-0-8(세트)

내 시 속에서 쉬고 싶다

최용만 시집

들꽃시선 116
내 시 속에서 쉬고 싶다

지은이/최용만
펴낸이/문창길
초판인쇄/2013년 3월 20일
초판펴냄/2013년 3월 25일
펴낸곳/도서출판 들꽃
주 소/100-273 서울 중구 필동3가 28-1 서울캐피탈빌딩 B202호
전 화/02)2267-6833, 2273-1506
팩 스/02)2268-7067
출판등록/제5-313호(1992. 5. 15)
E-mail:dlkot108@hanmail.net

값 10,000원
* 파본된 책은 바꾸어 드립니다.

ISBN 978-89-6143-162-0 04810
ISBN 978-89-951327-0-8(세트)

들꽃시선 116

내 시 속에서 쉬고 싶다

최용만 시집

| 자서 |

쉬고 싶다
오이소박이같이 단추 느슨히 풀어놓고
마주앉아 젓가락으로
깻잎지 떼어주는 그 사람들이랑

작가는 작품을 밥상으로 안다

비늘 벗기고 고춧가루 풀어 얼큰히 끓인
휴머니즘 즐거이 드시길 바라며
매일 상을 차린다

시원한 열무물김치 마신
그 영혼의 안도감으로 쉬어주었으면

2012년 10월에

최용만

| 내 시 속에서 쉬고 싶다 |

차례

| 내 시 속에서 쉬고 싶다 |

묶음 둘 : 같이 쉬며

| 내 시 속에서 쉬고 싶다 |

묶음 셋 : 쉬는 시간

| 내 시 속에서 쉬고 싶다 |

묶음 넷 : 쉬엄쉬엄

| 내 시 속에서 쉬고 싶다 |

묶음 하나

쉬어간들

살구나무 소나티네

봄날 연지같은 꽃잎 흐드러진
꽃그늘 걸으며
〈힘껏 기억할래〉 했는데

꽃잔치 끝나 가물가물
잊은 줄 모르고 바삐 사는데

〈기억할래〉 맹세 기억하여
또 올봄 찾아온 꽃잎 머리 앉네.

오늘도 선부른 풋약속하네
〈널 기억할래〉 천번... 만번...

입에 발린 말인 줄 알면서
늘 믿어주시는 늙으신 어머니와
손잡고 그 밑을 걸어가네.

기도

천변 시멘트 주차장, 장맛비 그치자
넘친 강물 다급히 빠져나간다.
그 안 갈라진 틈 속 송사리 떼
미처 따라가지 못해 허둥대고 있다.
금방이라도 비 오지 않으면
길 떠난 강물 돌아오지 않으면
저들 생은 장담할 수 없게 생겼다.
새벽 예배당으로 가다 멈춘 발길.
배 드러내고 누워 비오라고
뻐끔뻐끔 들숨날숨마다 소망하는
간절한 소릴 들어주고 싶어진다.
〈아이들 등록금도 내야하고
시아버지 병원비도 보태야하는데
하늘이 막아 장사를 통 못했다〉는
긴 숨과 원이 뒤범벅된 나의 넋두리.
누군가 기도소리로 잘못 들었나
물고기들 강으로 돌려보내자
하늘에 슬그머니 햇살 풀어놓는다.

아름다운 새여

새는
떠날 때 둥지를 흩트리지 않는다.
계절보다 먼저 자리에서 일어나
하늘을 맴돌며
떠날 채비를 서두른다.
땀같이 살았기에 다시 올 언약은 없어도
다음을 염려하지 않는다.
후일, 먼 바다를 날아온 아기새
온기 들이며 문패를 바꾸어도
어제보다 나은 내일을 그릴 줄 믿기에
푸른 날개를 편다.
아름다운
새는
떠날 때 둥지를 흩트리지 않는다.

The Beautiful Bird

authored by Choe Yongman
translated by Hong SK

The bird leaves no trace
When she leaves her nest
She wakes up earlier than the season
And hurries to leave,
Circling the sky.
She doesn't worry about what's to come
Though there is no promise,
Because she has lived a life wet with sweat.
Thereafter, a baby bird, flies in from the far sea,
Spreads her blue wings
Though in need of warmth and a change in provenance,
She dreams of a future better than the past.
The bird leaves no trace
When she leaves her nest.

우주지도

호박 줄기에 별들, 소담피었다.
어머니는 연푸른 소녀시절
장독대에서 별을 헤이다가
온 날이 새는 줄도 몰랐단다.
우주비행이 꿈이었다는
아련한 꿈이 곱게 노랗게들 떴다.
계절 별들이 지나갈 무렵
갈빛 은하 가까이 들어가
호박 한 광주리 넘치도록 따아
옥상으로 올라가신 어머니
뜬 달이 깊어져서야 내려오신다.
채반에 그려놓은 우주지도
이 지도 한 장이면 숨은
어느 별이라도 다 찾아가겠다.

소주처럼

맥주는 조금만 건드려도
넘쳐 우는데

소주는 아무리 건드려도
울지 않는다

속상한 날, 골방에 앉아
눈물 섞어 마시고
일어서려는데 흔들리는 너

속으로 울고 있구나
눈물에는 한없이 약해 빠진

그대 소주여, 맥주보다 더
독한 이유 있구나

소금연인

사랑이 희미해져갈 때면
진서 곰소로 가자
세파에 녹은 우리 사이
기억마저 희미해진 날들
염전에 누워 바람으로 햇살로
구워 다시 태어내자
몹시 흔들리던 어제에서 나와
시기와 질투를 지우고
비로소 형상을 지니자
얼마 남지 않은 시간 허투루
보낼 순 없다
소금창고 통나무 방에서 우리
다시는 변하지 않을
썩지 않을 여문 사랑을 하자
하얀 별을 노래하자

석가탑

처음엔 움칫, 무엇이 되었는 줄 알았지.

사람들 너만 보면 고개를 숙이고
높이는 것 같아 부러워하였지.

아무나 가질 수 없는 재주를 가진
신비한 성물이라고 마냥 스치고 지나다
세월 속에 난 점점 너를 알아갔지.

바람에게 가는 옷깃을 내어주고
비에게 외투마저 스스럼없이 벗어줄 때
비로소 모래알로 돌아가고 있음을.

누구나 처음 널 보면 무엇인 줄 알지만
지내다보면 원래 그대로임을 알지.

사람들 널 모른다고 조급해 하지 마렴
누구나 세상을 여는 데는 시간이 필요할거야.

performance

미술관 앞마당 고철을 모아놓은 사슴 한 마리.
방금 차창 너머로 지나온 컨트리클럽골프장
잔디밭으로 날 데려가더니 어린 시절 동화책에서
보았던 은빛 세계로 마음껏 뛰놀자한다.
숲에서 연한 풀잎 뜯어 그의 입술에 대어준다.
오동나무 잎에 달린 이슬 모아 갈증을 적셔준다.
다리는 옛날 시골 양철집 기둥이었고
눈은 사이다 병뚜껑이었으리라.
붉은 빛이 감도는 피부는 쓰다버린 헝겊
몸은 먼 여행으로 지친 나사며 볼트 철조각들,
누군가의 이름으로 모아놓으니 온전한 사슴이라.
누구 손에 들어가면 고철에 불과한 것이
누구 손에 들어가면 호흡하는 사슴이라고
신기한 마법의 미술관에서 내 손은 깨달아가고 있다.
녹슬어서 늙어서 볼품없어서 쓸모없는 게 있더냐고
용접기로도 녹여지지 않는 나의 굳은 심상을
사슴은 예리한 뿔로 달려와 들이받는다.
오래 되어 폐차장으로 갈 날을 잡아 둔
내 고물 자동차가 무엇 때문인지 신이나 사슴처럼
네 발로 도로를 성큼성큼 뛰기 시작한다.

너도 꽃

꽃이라고 다 아름다운가
아름답다고 다 꽃인가

너를 기다리지 마라 먼저 다가오기를
꽃 피기 기다리지 마라 이미 꽃이었으니

들판을 지나는 모진 바람이
우거진 덩굴 마구 헝클어놓아도

꽃봉오리 꺾어 뭉개놓아도 그 꽃나무
시든 자리 새로운 집 지어가리니

왜 꽃은 핀 모습만 꽃이어야 하는가
꽃이 되려한 시련을 꽃이라면 안 되는가

그늘에서 빛깔이 모자라게 핀 꽃도 있고
간밤 서리 맞은 언 꽃도 있기에

아름다운 것만이 꽃인가
세상 아름답게 보면 다 꽃이지

서호월하西湖月下

삼바처럼 격렬히 온몸을 비틀면
물고기 떼 모여들 것이라고
처음엔 낚으리라고 강둑에 앉아
지렁이에게 진한 유혹을 채근했다.
제 심장에 덫을 논 나에게 강은
못 이기는 척 송사리 떼 몰아주고
생때같은 큰 붕어도 내어주었다.
어느 날부터인가 주말 가까워지면
노선표 보지 않아도 코끝에서
자꾸 강물냄새나 킁킁, A4용지 속
글씨들 연이어 물결처럼 밀려왔다.
낚으러 갔다가 나도 모르게 낚여
오피스텔 창밖으로 낚싯줄 던진다.
무엇을 좋아하게 되었다는 것은
낚는 것이 아니라 낚여 주는 것,
잔잔히 흐르는 구름을 앞에 두고
저 하늘 강가 이태백이 앉아있다.

생선가시

누구에게 소중한 뼈를
사람들은 한낱 가시라하네.
-사람이 아니면 아니남?
-기다고하면 다 기었남?

누구에게 소중한 뼈를
사람들은 한낱 가시라하네.
-우주를 떠받치는 기둥
 애먼소리 그만 그만하라고
 목구멍에 걸리네.

오월 나이는 청춘

눈에 보일 때보다 눈감아야 보일 때
동지들은 더 아픠 저미어 오누나
잠시 왔다간 봄날의 꽃이었나, 청춘은 갔다

겁 없이 던졌던 돌멩이들도 상처를 안고
어제의 자리에 누워 늙어간다

망월에 무수한 꽃들을 보내놓고
질리도록 질기게 버티고 견디어내는 건
그날 내 머리위로 날린
상여꽃잎들이 아야 서럽게 고와……

설픈 오월아, 미완의 혁명아, 그 꽃잎
즈려 밟아 우리 살아왔으니
발톱마다 붉게 물들었으니 예쁘다고
푸른 오월을 거스르는 야만에게 알음장하자구나

여명의 광야에 살더라도 살아도
눈감으면 대낮같이 보이는 청춘들이 있다

독수춘향

기다리니까 사랑이다
신관사또 골백번 온들 형틀에서 뼈 풀려난들
가슴 어디 아프지 않으랴
눈보라 날리는 옥방에 솜이불 온들
어이 반가우랴
대나무 휘감던 회오리 치맛자락 흔들어댄다
버선발 내달리던 곳에 발 두고 왔으니
다시 돌아온다는 기약 듣자마자 귀먹었으니
고난마저 깨강정이다
비단잉어 비단에 눕고 싶지 않는 사람 항간에 있을까마는
사모하니 보이지 않는다
은하수처럼 떠가는 무수한 옥구슬 곁에 굴러도
연모하니 들리지 않는다
하룻밤에도 교룡산성 쌓을 수 있음을 가르쳐준
오작교 건넌 단 하나의 반달
누라서 만월정 올라 한恨 곡조 읊은들
멀리서 그네 엿본들 꿈을 꾼들
도련님, 아니 오시면
어찌 옥에서 나가 초롱든 봄 맞으리오

동해대첩

제승당 수루에 앉아 피바람 지친
긴 칼일랑 쉬라하시고
일성호가 들리거든 애끓지 말고
가던 길로 곧장 흐르라하소서.

그냥 보소서, 칼바람 같은 심중
학익진 오라 호령하지 마시고
정히 눌러놓고 멀리 지켜보소서.

죽어서도 지켜주신 나라이옵니다.
난중일기 10월 8일 206장에
죽으려는 병사들이 살아올 터이니
시름은 당초 없던 것이옵니다.

아다케묘고 잡는 해병 출정하오니
통영길 마실 나온 백성들 염원도
거북선에 성큼 오르니
동해서 올 승전보 느긋 받으소서.

아지발도 입에서 화살을 뽑으며

지리산 둘레길, 나그네 발목을 잡는
젊은 장수, 화살 맞아 쓰러져
핏물이 바위에 낙수처럼 흘렀으니
아, 누라서 그 벽화 희락하리오.

잊을 수 없는 연민의 아지발도여.
반세기 역사의 뭇매를 맞았고
나그네 쏘는 팔매의 표적이 되었구나.

오늘 너희 후손들은 시뻘겋게
아버지의 아버지를 모른다하니 일어나라
입에서 화살을 뽑아주노라.
다시는 없어야할 그날 황산대첩
맑은 강에 비춰 깊이 알려주려무나.

저 붉은 피바우 행주로 훔쳐다가
남천 왕벚나무 밑에 붉게 짜 놓으려니

나뭇가지에 올라 봄꽃 되거든
아지발도여 꽃그늘로 모두 불러다오.

막걸리잔 청주잔 정다이 건네
사흘도 열흘도 어울려 피자꾸나.

* 아지발도 : 왜장

어떤 배려

팔월 땡볕 숨가쁜
등산, 아직도 저만치 산꼭대기
타는 목마름, 쓰러질듯 휘청.
눈앞 저기 우물
허겁지겁 기어갔더니
우물 앞 메달아 놓은 조롱박
꼬옥 쥐고는 우물에 고개 처박으니, 허탈
물은 간곳없네.
비인 조롱바가지로
허공 한 점 떠 입에 넣으니 생겨나는
입속 우물.
어쩜 이 우물을 처음 판 이는
목말라 더는 참을 수 없어
저 꼭대기를 밟지 못하고 주저앉을 나그네
알고 있었던 게지.

모래판화

바닷가 모래밭, 주인을 잃은 발자국들아
버림받은 줄 아느냐

너흰- 파도가 오면 자리를 비우지만,
비우려 해도 비워지지 않는 게
젊은 낭만인 줄 너흰- 아느냐

아득한 먼 후일, 함께 거닐던
불현듯 떠오르는 파란 눈동자 있어
판화처럼 꺼내보려 나처럼 그 필야必也 오려니
떠나 순간 안 보인다고 서운타마라

파도를 따라 갈 발자국들아
그날 그 찾아와 님의 소식 흐른 듯이 묻거든
짝하여 걷던 발자국 몇 켤레 내어주렴
신어도 보고 함께 걸어도 보게

지우려 해도 지워지지 않는 너흰-
단 한번 찍힌 단 한번 찍은
연비聯臂인 줄 그때는 마침내 알려마

가을통신

깊어가는 가을 가운데
홀로 밤길 걷노라면 풀숲에서
쉼 없이 들려오는 전화벨소리.
아무도 받지 않은 전화를
건 이는 누굴까.
다정히 받아 줄 친구는 어디 갔나.
간절한 음성으로 차오르는
과부하의 답답함을 느끼며 감염된 듯
나도 누군가에게 전화를 건다.
전화번호부에 걸린 수많은 인맥
저처럼 바라 온밤 내
외롭지 않을 이야기하고 싶건만
마저 지쳐가는 전화벨소리.
고독을 뿌리치고 싶은 본능이
풀숲으로 슬며시 들어가
수화기 든다, 여보세요.

풍경하나

갓 푸른 싹이 펼쳐진 아기새
둥지에서 나와 푸드덕
어미새 애태우는 줄도 모르고
도로 한가운데 푸드덕
나는 연습을 한다
무슨 일 생기면 어떡하나
길 가양에 차 세우고 내려서는
다가가 송사리 떼 몰듯
잔뜩 겁을 주어 풀숲으로 몬다
보내놓고 고개를 드니,
앞만 보며 달려온 광란狂亂의
질주에서 그가 먼저 나를
멈추어 놓았음을 본다
아, 이 무한한 들꽃밭에서 같이
따악 한 걸음만 쉬어 가잖다

몽돌

나도 한때는 저 하늘을 날아갔다

절벽에서 너른 창공으로
빠른 속도로 새 되어갔다

어디쯤이려나,
거친 날개 파도에 닿자
물살은 덩치를 안아 흔적마저 삼키고
깊숙이 데려갔다

해류에 으스러진 날개
부리마저 조각나 비상의 자국 지워내도
〈꿈이 아니면
현실은 더욱 아니리〉 혀 깨물며
다다른 해안가,
소리친다
　〈나는- 시- 방- 도-
　하늘- 몽새다- - -〉

먼 울림, 몽그르르 … 몽그르르 …

꽃병

화끈한 화술로 말하려무나
사로잡으려무나 꽃아,
너를 보고 웃음이 감염된 세상이
다시는 찡그리지 않게,
넌 언제까지나
무엇이어야 한다.
고독이라든가 허무라든가
그런 황폐한 언어는 진액으로 빼어
내 몸 안에 몽땅 버려주렴.
널 바라보는 누구라도
고달프지 않는 생은 없다.
꽃봉오리야, 붉은 횃불로 피어나
겨운 생에 불씨를 놓아주렴.
지친 날에는 언제라도
나에게로 와 쉬려무나.
두 다리를 잃어버린 슬픔
아무도 모르게 꽁꽁 숨겨 줄게.

* 김춘수의 꽃이 꽂힌 꽃병.

만복사 저포

사랑한다면 하루와 천년이 따로 있으리오
그 사람이랑 있으면 하루요
그 사람이랑 없으면 천년이지

이생에서 잇대어 내생을 너머 갈
그 사람 만나고파
양생처럼, 봄날 석등에 기대어 핀 영춘화 아래
〈한 인연 얻습니다〉 축원문 목에 걸고 헌팅하리오

가지마다 짝하여놓은 노랑꽃잎이여
그 사람 기인 긴 백뜰 에둘러 오려니 안 오리라는
지는 내기일랑 당채 하자 마오
영겁의 갈림에서도 잡은 손 놓지 않으려니

사랑한다면 이승과 저승이 따로 있으리오
그 사람이랑 있으면 이승이요
그 사람이랑 없으면 저승 같은 나날이지

따로있나

소나기 한바탕 시원스레 내리더니
어디선가 목탁소리 난다.
근처 절이 생겼나 창문을 여니
지붕에서 떨어지는 모인 빗물이
플라스틱 통을 때리고 있다.
일상으로 향하는 무한한 소통.
부엌에서 진땀 빼며 목어 잡는
아내의 도마는 일용할 양식을 새긴
무수한 팔만대장경이었구나.
비늘 냄새 가득해도 부엌은
오래전부터 사바세계였던 것을,
빗물은 울림소리를 가득 묻혀
하염없이 어딘가로 흘러 흘러간다.

사랑

연화항아리 실금이 가서
마른 걸 담아 두었는데
아이들 장난치다 갈라놓네.

일여덟 조각으로 펼쳐져
연꽃잎 지고 말았기에

대문 밖 통에 두고 돌아와
아쉬움 꼬들꼬들 서운한데

도망치듯 나간 아이들
돌아온 손에 들린 반달 화분
풀꽃이 수수 피어 있네.

시인과 열쇠

출판사 접고 집짓는 목수 일 한다더니,
우연히 길에서 만나 다시 물으니
고향 내려가 열쇠가게 한다고 했다.
또 그렇게 멀어져가 잊히다가
급한 문자로 받은 그의 부음 소식.
누구라도 장담할 수 없었던
아이엠에프 질곡도 무사히 지나왔는데
이제 힘들어도 다들 나름대로 살아갈
만능열쇠 준비해놓고 사는데
고비 잘 넘겨놓고 이게 무슨 일이람.
혹, 친구여 어제 깎다가 잠든 열쇠가
이승을 여는 열쇠 아니냐.
잠시 기다리렴, 마저 깎아 열어줄게.
하루만 단 하루만, 젊은 날 만난 시와
밤새 동무하다 어느 별에서 잠들자꾸나.
전주행 기차는 은하 가는 완행열차 되어
밤하늘을 더디더디 날아가고 있다.

묶음 둘

같이 쉬며

꽃 같은 삶 가시 같은 삶

대문 앞 세월 탓인지 기둥을 심고 있던
콘크리트가 틈을 보이자
어느새 쌓인 먼지 사이로
돋아난 여린 가시풀.
기둥을 턱 잡더니 엉금엉금 기어올라
얼마 안가 문틀을 한 바퀴 돈다.
앞을 오가는 사람들마다
꽃도 아닌 가시풀을 키우느냐고 웃으면
가시풀은 가시를 숨기며 눈치를 본다.
사람들 말에 귀가 얇아
당장 어찌할 듯 가위를 들다가도
잎사귀 갉아먹는 벌레식구들
다정한 모습을 보면 그만 떨리고 만다.
삶이 역경이어서 살다보면 피치 못해
나도 누군가에게는 꽃이 되지만
또 누군가에게는 가시 같은 존재이기에
함부로 대할 수 없는 생을
만나고 만다.

어떤 무소유

나 이제 무소유라 말해도 될까
무소유라고 한 거짓말 감추고 있던
육신의 헌옷마저 벗네.

작은 나무의자에 앉은 나에게
봄마다 평화로운 꽃을 수놓아준 철쭉나무
고마워 뿌리에 그간 깨달음마저 다 놓네.

나 이제 무소유라 말해도 될까
빈 마음이 내 마음이기에 쓸 것도 읽을 것도 없어
그만 책 덮네, 오래도록.

삭정이에 누워 하늘을 보네
나를 두른 저들을 잊었노라고
기왕 한 거짓말 한번만 더하면 안 될까.

\- 법정 스님 가시던 날

에밀레종

그깟 왕관
노란 은행나무도 가지고 있어.
좋은 차?
천 년 전에는
하늘을 날아다니는 뿔 높은
천마가 있었어. 으스대-지-지마.
반구대 암각화
뾰쪽한 연장 시들기 전에 와.
천 년 후 경주박물관에 가도
나는 없어. 지금 밖에 없어.
나에게 와.
애먹일래.
애먹일래.
언제까지 애먹일래.

무모함에서 건진 사리

새벽 소낙비, 선원사종을 때리고 있다
아무리 밀어도 흔들림이 없다
거친 피부와 내공이 두터운 몸
거기에 청동으로 지은 갑옷
쏜살같은 화살도 그를 지날 순 없다
어느 부족 무사도 아닌데
소낙비 어쩌자고 계속 덤비는지
저 무모함이 측은히 보여
단단히 말리려고 곁으로 가본다
아, 금방 들통나버린 아둔함의 끝이여
경계근무 서고 있는 병사처럼
바른 자세로 서 울고 있는 종
행여 누가 볼세라 곧은 모습 지켜주려고
거푸 눈물을 덮어 주고 있는 소낙비
선원사종 안쪽을 들여다보고 그제야
번뇌 담을 주머니가 저리 커
세상 어디에도 강한 것이 없음을 안다

욕심탑

산자락 돌다가 만난
돌탑 꼭지에
돌멩이 올린다.
아슬아슬 -
그예 떨어진다.
꿈꾸는 꿈들
슬쩍 몇 알 밀어내고는
편편한 정상에
나의 소원
올려놓는다.
손 모아 합장하고
돌아 몇 발자국.
와르르 -
지나던 다람쥐
조금 전 아는 듯
꼬리에 걸려 떨어진다.

붉은 오카리나

그의 붉은 오카리나가 연주를 멈췄다.
오랜 세월 사랑으로 빚어
그가 나에게 작은 오카리나를 선물했다.
나의 오카리나 독주가 시작되던 날
흥분한 그의 오카리나는 음계를 벗어나기도 했다.
손잡고 오솔길 걸을 때도 가쁘게 뛸 때도
합연은 아름다웠고 가없이 행복했다.
나의 오카리나를 본 적은 없지만
분명 그의 오카리나와 닮았음을 미루어 알았다.
그러므로 오카리나는 사랑하지 않는 사람에게는
선물할 수 없는 에덴의 악기였다.
추운 겨울 그의 품에서 듣던 따스한 선율.
먼 여로 지쳐오면 익숙한 숨결로 안아주어
부서진 평화를 안심시켜주던 기적 같은 오리지널.
나는 오늘 그의 붉은 오카리나 곁에서
그의 눈꺼풀을 손가락으로 반음씩 닫으며
진한 사모를 긴 떨림으로 불었다.
나의 오카리나 속으로 그의 마지막 호흡이
유성처럼 흘러 들어왔다.

왕

천년의 왕국 신라 경주에 가면 알지.
대궐을 흙으로 덮은 무덤들.
파기만하면 황금 왕관이 나온다지.
수 천 년 흘러와서도
사람들 눈동자 눈부시게 만드는 금관.
살았을 적 삶도 저리 반짝였을까.
무덤 속 들어가 보면 알지.
전쟁하랴, 자리 지키랴, 태평성대 꿈이었다지.
장신구같이 사는 것 무늬만 왕이었다지.
얼마나 한이 서렸으면
저승 가서 왕 노릇 한번 제대로 해볼 거라고
천마타고 왕관을 가져갔을까.
반월성 아랫마을
언덕을 파보면 나오는 토우들.
고달픈 공력에도 흥을 놓지 않고
재미있게 살다간, 이웃과 한때 즐거웠을
주인들, 시대의 왕들은 아니었을까.

나와 개미

엘리베이터 타고 개미가 오른다.
몇 층으로 가고 싶은 걸까.
힐링을 두고 어는 콘크리트 뚫어
집 짓고 살고 싶은 걸까.
저 넓고 푸른 잔디밭을 두고
싱그러운 아침을 두고
답답하고 쾌쾌한 냄새 풍기는 곳을
찾아오는지 의구심으로 바라본다.
나 같으면 초원에다 집을 질 텐데
〈나 같으면..... 나 같으면.....〉
말이 모래알처럼 입 안을 빙빙 돈다.
언제부터 나는 여기 있었나!
층 숫자보다 더 아득 돌아보는데
엘리베이터 문이 열리자 후다닥
개미는 발등 위로 오른다.
〈--- 빈 갈무리 주머니 ---〉
기름진 먹이를 찾아온 모험 앞에
서골서 막 올라오던 나를 만난다.

하여가

사람이 싫어 미치겠거든
한여름 등나무 아래로 가자.
손잡고 살을 붙여 꼬아
불볕을 가린 시원한 그늘로.
제 잘났다고 발버둥쳐도
혼자서는 덮을 수 없는 하늘.
나도 누구에겐 땀내 나는
보잘 것 없는 두발짐승일 게다.
사람이 싫어 사람 곁에서
날뛰도록 도망치고 싶거든
등나무 아래 누워 하늘을 보자.
내 어깨 위로 네 어깨 위로
올라간 어깨동무를 보자.
그렇게 살아 별 것이여 보자.

포커페이스

종로문화원 돌담을 따라 걷노라면
얼굴 전시회를 보는 것 같다
찌든 얼굴 이글어진 얼굴
핀 얼굴 웃는 얼굴, 간혹 눈동자
각자 표정대로 살아간다
우울한 시대에는 꽃남보다 훈남이
정드는 호감가는 얼굴이라는데
이 시대 내 얼굴은 어디에서
어떤 표정으로 살아가고 있을까
나의 작품은 나의 얼굴
세상은 날 감상하며 무어라할까
종로문화원 돌담을 따라 걷노라면
날 닮은 얼굴 어디쯤 걸려있나
그 모습 궁금해 잰걸음 빨라진다

가슴앓이 고베의 밤

불꽃이 화산처럼 쏟아지는 축제의 밤
소녀가 사케에 취해 잠들었을 때
날카로운 첫 키스
가슴을 열고 가고 싶었지
문이 열려있다고 청춘은 착각했지
잠들어도 꺾지 말라했지
하얀 순결의 꽃
벚꽃을 등에 업고 밤새 해안을 걸었지
멀리서 뱃고동소리 울릴 적마다
내 가슴도 쉴 새 없이 뛰었지
가슴앓이 첫사랑 아이꼬
메리켄파크 환상 속의 짧은 밤이여
지상에서 마지막 날
신이 나에게 묘비명을 묻거든
그 아름다운 고베의 밤을 잊지 못하리

싱거운 소금

스치는 풍경 하나이었는데
눈 안에 서서히 자리 잡네요. 그대는

흑토 동산 저편에
분홍 살구꽃을 흐드러지게 피우더니

봄의 홍분처럼 그만 떠나 가신다네요.
눈에 들이닥친 바람이

나무 뿌리마저 다 뽑아가라고
마구 흔들어 주네요.

어쩌죠 아무리 울어보아도 그대는
건드릴수록 더 깊숙이 박히는 가시여서

싱거운 소금은 씻어내지도 못하고
하얗게 질려가고 있네요.

풍란

가도 가도 허공이다
뻗어가도 허공이다
풍란이 간다

언 해풍이 지나가는 사이로
발톱도 없는 무딘 발이 벼랑을 잡는다

내가 무모하다고, 주저하고 있을 때,
그는 거기에 가서
멈추어 있던 바위에게 흐르는 시간을 주어
푸르러지게 하여 꽃도 갖게 한다

청춘이라는 나의 이름아
그 곳은 더 이상 험한 곳이 아니다
가도 가도 푸른, 가도 가도 이젠 봄인,
풍란의 영토다

정말 무모한 건 꿈만 꾸는 것
풍란이 여러 발로 망설이는 등을 멀리 밀어보낸다

향기로운 부패

울타리 호박이 숨바꼭질
용케 눈을 피해 익은
누런 호박.
호박죽이라도 끓여야지
광에 넣어두었다가
때를 놓쳐 썩고 말았네.
허탈 두엄자리 버렸더니
올망졸망 푸르게 웃는 싹들.
오는 봄을 준비한
아름다운 부패의 자식들.
그냥 왔다가
그냥 가는 것은 없네.
제 몸을 녹여주는
빛나는 이유 있는 게지.

영혼줍기

감자밭을 가로질러간다. 삼배일보.
작은 덩이든, 크은 덩이든
인정을 남겨둔 농부가 고마워
무릎 꿇어 감사기도 한다.
고랑을 잃어버린 밭은
헐렁한 바지처럼 한결 여유롭게
도회지 이방인들을 반긴다.
호미처럼 굽혀 종일 주어도
시장가면 몇 천원아치도 안 되지만
찾는 재미에 빠진 보물찾기 소풍
바람에게 모자를 씌워준다.
반 바구니 부족한 건 웃음으로 채워
속속 그득 넘치는 이삭줍기.
밭둑에 앉아 지루하게
정오正午 기다리는 도시락은
배 아무리 불러도 이 재미 모르나니.

천상의 꿈

그이가 손끝으로 그려 보내 준 문자를
여러 날 지우지 못하고 잠이 든다.
갑갑한 휴대폰 통 속에서 나와
저 벽 어느 틈으로 도망치지 않을까하는 불안감.
새벽, 귀뚜라미 바스락거림에도 놀라
알람소리처럼 다급히 일어난다.
깊은 산속 외로움이 사무치거든 걸어주라고
사랑하는 사람 무덤가에 두고 온 휴대전화.
이제나 저제나 소식 오려나 기다리다
먼저 그리움을 참지 못해 걸어본다.
배고픈가보다. 허겁지겁 배터리를 채우러
산으로 가는 꿈의 마차를 탄다.
사랑하는 사람은 사랑하는 사람 곁에선
영원히 잠들 수 없기에
천상의 전화 기다려도 얼뜨기는 아니어서.

황색나이팅게일

저 하늘을 날아가는 새처럼
날개 한 짝 들어 올릴 힘 있다면
세상 무에 부러울까.
늙었다는 대죄를 저지른 나이.
새워지지 않는 고추를 길게 앞으로
뽑아 오줌을 누여주는 호스피스.
그렁그렁한 망울 감추러간 사이
거기 나무막대기라도 대어 묶어볼까
깃털만큼 가벼이 날아올라갈까
힘 모아 멀리 싸보려는데
바지를 겸연스레 적셔버린 소피.
죽더라도 더는, 다시는 늙지 않으마.
그대는 알까, 천상으로 날아갈
나의 마지막 이승의 젖은 날개를
닦아줄 황색나이팅게일인 줄.

속없는 싸움

오랜 친구와 다투었네.
약 올라 꼴 보기 싫어
그가 선물한 화분
거실 창가에서
화단 구석으로 내쫓았네.
새가 심어놓았나
바람이 씨앗을 지고 왔나
못 보던 나무 옴서감서
안방을 기웃대네.
우린 언제 그랬냐는 듯
얼마안가 맑게 화해했는데
아뿔싸, 그 화분, 나무?
자라 굽어보며 꾸벅
속없다는 걸 아는 듯
구면이라고 알은체하네.

마법의 양탄자

이상기후로 기온이 갈수록 오른대도
가족에게는 노상 춥기만 한 겨울.
해일처럼 오른 기름 값 감당치 못해
궁여지책으로 산 전기뗏목 한 장.
바다 같은 방안, 공기는 영하인데도
겁 많은 보일러는 돌아가지 않고
해 온 낮에도 뗏목 위로 가족을 몬다.
뗏목 한가운데 상 차려 촛불 켜두고
이불 등에 지고 놀이하듯 둘러앉아
거북이처럼 피식 웃음꽃 피우며 밥먹고
장난치다 얼음 바다에 빠질까봐 아이들
게처럼 옆으로 걷다가 잽싸게 엉켜
부둥켜안아 금세 난로가 된 낙원.
창밖에는 하얀 눈, 이글루 집 속에
겹겹이 옷 입은 눈사람들 붙어 잠들면
파도는 뗏목머리를 아라비아사막 너머
둥-둥 페르시아 봄바다로 돌려놓는다.

가슴 아픈 날

물 좋은 시골 마을 골프장 들어선다고
옥수수 긴 허리며 고추지주에 매달아놓은
투쟁 현수막. 반대. 무조건 반대.
자동차만 지나가도 펄럭, 펄럭, 반대.
나비는 망보듯 객지놈들 나타나면
떴다며 솟대보다 더 높이 날아 알린다.
대대로 살아온 고향 없어진다고
결사항쟁 다짐하는 구호 가득한 천막.
오이야 깻잎아 큰일 났다 어서 와라,
따개비야 철없이 늦잠이 뭐다니
집회에 참석하라고 마을주민들 소란이더니
망연자실, 아무 일 없었다는 듯이 마을 앞
당산나무에 떡하니 걸린 현수막. 환영.
보상이 끝나자 모래알같이 떠나는 사람들.
뒤통수 맞아 분통을 터트리는 매미.
눈동자 뒤집혀 뛰어나온 고추잠자리.
몇 만 년 이 땅에 살아온 터줏대감들 모여
논에서도 밭에서도 날이 가고 해가 가도
개굴개굴 찌륵찌륵 목 놓아 반대. 반대.

서시

서서 대나무 숲을 보네
장막처럼
한 살덩이 푸른 벽이더니,

누워 보니
죽창처럼 하늘을
찌르고 있더군.

눈이라는 잣대
이랬다저랬다
좋은 사람 나쁜 사람 가리는 것처럼.

엎드리니
대나무도 하늘도 없다하네
저만치 모른다하네.

값

추적추적 비오는 날
시장 통 골목 처마 밑에서
상추 만나면 값없다.
추적추적
동네 미장원에서 삼천 원 주고 볶은
파마머리 비 맞아 값없다.
깎으려고만 하니 빈 주머니 값없다.
아득한 그날 어머니 등에서
바라본 풍경……
차례상 준비하다 우연히 광에서 발견한
양은 대야, 무에 사나보다.
넘어졌을까.
누군가의 발길에 걷어 차였을까.
볼품없는 상처들은 지난 날
어머니 일기장.
그 밑에 똬리 틀고
흥부가족 오순도순 살아간다.
형제들 서로 가져간다며 아옹다옹
새 주인을 맞는 누추한 그는
너무 비싸다.

찬란한 유산

금풍호수에는 금도끼들이 살고 있네.
새벽안개 속으로 배 저어가면
비릿한 향기 콧등을 근질거리네.
〈다 고향 떠나면 누가 지키누
형은 유학가고 나는 어린 어부
아버지는 호수로 데려 갔네.〉
사는 것 팍팍할 때면 원망스럽다가도
그물 걷는 순간 자자드는 숨소리
물풀 새로 파득파득 손맛에 파묻히네.
할아버지가 호수에 던져놓았다는
금도끼들 찾아 일생 사셨다는 아버지
네가 잘 찾아보라던 마지막 말씀.
이 호수 어딘가에 금도끼들이 있음을
의심치 않음은 찬란한 호수
물려주신 아버지가 어쩜 이미 만난
신령님이지 않나 싶기 때문이네.
푸른 금풍호수에는 잡아도 잡아도
끝이 없는 살찐 금도끼들이 살고 있네.

그대

정령치 꼭대기 손 가까이 온
별을 그대와 함께 따 담았지요.

긴 자루 가득 담아 돌아오다가
뒤돌아보니 하늘 가득 별들.

한눈판 사이 모두 풀어주었네요
그대 눈은 하도 해맑습니다.

불혹이여, 그대는 별 앞에 서면
여태껏 댕기머리 소녀이지요.

그 날 하루

너도 뜨거웁더냐
나도 뜨거웁다
뜨겁지 않으면 사람도 아니다

붉은 색이더냐
파란 색이더냐
우린 하나의 색으로 보이는 색맹이다
검든 하얗든 아리랑색이다

우리 통일의 그 자리에서 만나야할
심장은 하나다
받은 심장도 하나다

누라서 장막을 치는가
슬픈 날은 없다
우리에겐 기쁜 날

휘파람 가야금이 우리 악기다
한 잔 술이 필요 없다
눈물에 홍에 취하리

다시 만나요
어딘 줄 말하지 않아도 알지요
거기 거기에서

- 상해 청류관에서

묶음 셋

쉬는 시간

참다운 스승

봄날 어디선가 나온 개구리
시멘트포장 골목을 뛰어간다

어디서와
어디로 가는 걸까

도로로 나가더니 자동차 바퀴에 깔려
더 이상 움직이지 않는다

가던 길 돌려
길을 잃은 그의 길을 가르쳐줄 것을

난 저들에게 얼마만큼
스승이 되며 살고 있나

집에 와 누우니
내 가슴 속
심장 어디쯤 다급히 뛰어 다닌다

억새꽃

사진에 담지마라
너 돌아서면 나 없다
렌즈에 담아둔들 순간 멈춰둔들
나 아니다
바람 불면 고운 깃으로 날아
너의 뺨에 스쳐보고 싶고
도시락 김밥에 앉아보고도 싶다.
푸른 하늘을 날아다니다가
너의 눈에 앉아
눈물이 되어 흐르고 싶다
이 순간은 다시 돌아오지 않는다.
갖고 싶다면 날 가져도 좋다
꺾고 싶다면 날 꺾어도 좋다
나 좋으면
너 좋다면
지금.

나의 법칙法則

굴곡진 앞모습보다 밋밋한 뒷모습을
웃을 때보다 아파할 때를
더 사랑하려마 풀어놓으면 그 사랑 이루어지려나

꽃은 진다
아니라고, 아니라고, 지나는 벌들 꽃밥에 올라
감언甘言을 퍼트려도
그 그 내일은 변함없기에,

모두가 추앙하는
화려함에 싸여 나날이 우월해지는 그녀에게 간다
밀어내도 간다
가까운 날 바람이 불어 꽃잎이 지고
숭배 끝나면 소소한 뒤안길로 분분이 돌아서야 하기에,
나의 청춘은 그녀 앞에 멈춘다

외친다 더 사랑하려마
화장한 앞모습보다 생머리 뒷모습을
웃을 때보다 아파할 때를
잠시 꾸는 봄꿈보다 하늘에 첫 열매를 매단 날을

플라톤 동굴에 와서

나무가 하늘을 향해 간다고?
석회암 동굴에 들어서면
의문이 짙기 시작한다.
하늘 어딘가에 공중정원이 있어
구름 속에 뿌리를 박고
대지를 향해 굵은 줄기를 낸다.
물구나무 서있는 나무들
눈 씻고 봐도 나무는 나무다.
울퉁불퉁 범상치 않는
아마존 정글처럼 거대한 숲
내가 물구나무서서 다니는 건 아닌지
헷갈리기 시작한다.
언제나 내 상념에는 하늘을 향해
가는 나무만 살고 있는데
이제 지하를 향해 뻗어가는
그런 나무도 살기 시작한다.
저 푸른 가지들 사이로 아련히
새소리 들려온다.

사람살이

횟집 앞 대형수족관 날 받아놓은
물고기들 뜰채 스칠 때마다
길들여지지 않는 어둠에서 날렵히 도망친다.

파릇파릇한 것 잡아달라는 아우성
핏대선 얼굴로 뜰채 휘두르는 주인
숨가쁜 추적, 가리키는 손님들
물고기들 비늘 날리며 날 받아놓은 건
마찬가지 아니냐고 푼수같이
심정 몰라준다고 아가미로 입방아 찧는다.

언젠가 털 벗은 너희들도 어느 언덕
식탁에 올라 지나는 길손들
시장기 지우는 소금밥으로 잊히겠지.
빚 없이 산 것 같아보여도 어쩔 수 없이
때 오면 반드시 갚아야할 숙명의 빚
지고 살아온 줄 그때 알려 하느뇨.

찢긴 부레가 우리네 숨막히는 고뇌인 걸
금방 가벼이 놓치고 있는 줄 아느냐.

환상소풍

소풍가는 길, 깐치고개 오르막 높아
새 자전거로도 지치긴 마찬가지.
소녀는 함께 타고 가던 소년의
아련한 추억에서 내려 자전걸 민다.
고개꼭대기에 오르자 소년은
소녀의 땀을 손으로 닦아주고는
구름처럼 사뿐히 안아 태운다.
여우골 가는 내리막 옆 복사꽃밭
아, 저, 저 것이, 꿈의 도원인가
페달은 분홍 감탄사를 연신 돌린다.
소녀 머리에도 꽃, 치마에도 꽃,
볼에도 꽃, 소년의 등에도 꽃--
고개 아래 있던 허름한 자전거포
그 자전거 지금도 파느냐고
마흔이 저린 사내 덜컹덜컹 두들긴다.
무릉도원 가는 자전거는 그날,
한 소년이 사가 없을 거라고
바람은 흔들흔들 고개 저어간다.

산수

산수나무 꽃
산수나무 꽃

꽃 핀대도 꽃 핀대도
노랑 질려간대도
연연불망 나비님
올해도 또 못 오시나 보옵니다

꽃 대궐로 저만치 오리오
설레는 설레발 같은 날들
노란꽃송이 채양처럼 들고 그대 바라는
오늘 오늘은 간절한 날들 중
또 하루 아야 아파서 행복한 하루라오

이런 산수 아무나 할 수 있나요
못하지요
산수나무 아니면
산수나무 아니면

자화상

신문지야 천년을 굴러봐라
낙엽이 될 수 있는지

한 열매를 깬 한 싹이었는데
손가락이 달랐나보다

스스로에게 부끄러워할 줄 알고 붉혀
돌아가는 빨간 단풍이랑

바탕은 하얀데 대책없이 까발리는
잉크 바른 줄기 너랑

나무, 그게 그거 아닌가
막연한 가을바람

시인의 눈에 들어가
그리 흐려 논데도 너 변심變心 아니면

신문지야 억만년 굴러봐라
새봄은 속지 않을 테니

눈싸움

섬진강 매화꽃밭에서
눈싸움을 한다.

겨울이어도 겨울이 아닌 나무가
봄이어도 봄이 아닌 우리네 마음에
눈을 던진다 꽃잎을 던진다.

내 밑을 지나가는 모든 것들아
지난날 너희 사랑은
싸움에 빠져 정작 싸우는 이유를 잃고는
우릴 위해서가 아니라
나 너 위해서가 되어왔느니,

사랑한다면
그 사람 꽃잎으로도 때리지 마라
꽃에도 살 벤다.

겨울이어도 겨울이 아닌 나무 아래
봄이어도 봄이 아닌 우리네 마음이
눈을 맞는다 꽃잎을 맞는다.

나그네

백장암 대나무밭에서
새가 조잘댄다.

암자에서 쉬던
나그네 받아 적다가

읽다가 여
그만 새 되어버린다.

겹게 걸어 왔으나
돌아갈 때는 날아

지리산 온 숲 숲마다
새소리들 흔들린다.

푸른 가시

탱자나무야, 너 온몸에 날선
푸른 가시라니

나의 손톱을 깎는다, 나는
두루뭉술하게

날카롭게 자라면 깎아 도로
살 깊이 숨긴다

사자가 아니라
흰 토끼를 만든다

탱자나무야, 이래봬도 속엔
푸른 가시 수두룩 산다

고장난 난로

그들이라고 춥지 않았을까
그들이라고 외롭지 않았을까
깊은 산속 빌딩 숲
박스 깔고 잠든 모녀
LED전광판 아래 깜깜한 덤불
그 여자 얼마나 솜이불 되고 싶었을까
삶은 늘 우리를 벼랑으로 몰기에
가까이 도움청하기도하고
도움주기도 하면서 사는 것을
으레 지나쳐버린 어제 퇴근길
잊힌 밤, 꽁꽁 차돌같이 얼어버린 모녀
구급대원 손에 들려 지하도
다급히 오르는 아이 뒤를
미친 듯이 울먹이며 쫓는 그 여자
끌려가는 레일처럼 무기력한 출근길
일어나 노란 난초꽃으로
이 숲에서 다시 피어주길,
아파하며 그 아이 따라간 마음이
길을 잃었는지 돌아오지 않아
고장난 난로처럼 서있다

지리산 와운

또 다시금 지리산 오르는 길
누운 구름 사이로 허름한 집에 아이들

버리고 간 버려진 그 사이
뒷산 사는 천년 할매송이 낳았다 치자
그냥 지나치려다 마주친
아이들 눈동자, 반사된 이끌림
어른인 난 어떤 모양으로 숨을 쉬나

맹수처럼 날카로운 손톱도
주눅 들게 하는 이빨도 없는데 아이들이 매섭다
할머니는 새 언덕 일구러 나가시고
고추장 들어가지 않은 빨간 햇살이랑
손맛이 없는 투명한 우물이 점심이란다

깊은 산중 가물가물 외딴집
와운이 낳은 아련한 선계의 아이들

빨래계곡 청소등성이 지나 나누는 도시락
할배송 팔베개에 누워 낮잠 든 해도

하산을 잊은 듯 배낭 풀고
면 데 빠져보는 물아物我

나의 친구여

강물, 한가로이 떠가는 철새들.
승용차 타고 강변 달리다가
가까이 담고 싶어 시동을 끄자
급박한 일이라도 생긴 듯
평화 놓고 허겁지겁 날아간다.
수면에 휘갈기고간 작은 문자들
물결을 타고 점점 커져간다.
무얼 달라한 것도 아닌데
거칠고 모난 상도 아닌데
친구하자는데 보지도 않고 얼른
서둘러 떠나버린 철새 떼.
가늠자 위에 올리는 줄 알았나!
누가 그들에게 잘못 알렸나?
사이, 글자들 날 향해 다가온다
방조는 동색 웅성웅성 들려온다.

강낭콩 콩자루

공중화장실 울타리 잡은 강낭콩줄기
한 여름 콩자루들 등에 지고
나뭇가지로 오른다
버겁고 힘겨운 목마른 오후
매달린 넝쿨손에서 땀방울 떨어진다
나날이 무거워져가는 등짐들-
치마교복 입은 앳된 생머리 화장실로
허옇게 들어선다
깍지 터지는 소리 요란하더니
곧 나온 콩 튀는 소란을 두고
울음소리에 놀란 비명 뛰쳐나간다
강낭콩나무 철부지 측은 바라다본다
-나라고 담 밖이 안 보이겠느냐
-멀어지면 잊힐 줄 아느냐
-그래봤자 아린 한날이다

너 그거 아니

꽃은 누가 보아야 피는 것이 아니라
피어서 보여주는 것이라지

너 그거 아니, 바람 부는 날
무수한 씨들이 허공으로 날리는 줄
누구도 알 수 없는 미지의 길

운 없이 아스발트에 떨어질지
좀 낫게 감자밭에 떨어질지 암도 모르는

매 순간 버림받았다고 포기했으면
시련을 즐기지 않았더라면
저 밖 꽃들은 하나도 없는 것이라지

어떻게든 어떤 자리에서든
누가 보아주어야 피는 것이 아니라
반드시 피어 보여주는 것이 꽃이라지

고뿔은 없다

누군가 옹기 약탕기 안에 심어놓은 구절초
꽃을 피웠다.

옛 것을 즐기고 싶었다면
나그네는 울리지 않았어야 옳았다.

어머니는 바람이 휘감아 도는 마당에서
매운 연기 마셔가며 눈물로 불을 지피시고,
안방에서는 고뿔 걸린 아이가 끓고 있었다.

기침소리 문풍지 지나 툇마루 넘어가면
부채로 바람을 더 세차게 일으키셨다.

종합감기약 한 알이면 끝인 이제는
연기 사이로 어머니 휘인 등이 보이지 않는다.
감기는 있는데 고뿔은 어디 갔나.

옹기 약탕기는 먼 옛날이나 지금이나
제 안에 구절초 넣고는 연 분홍빛 그리움
가을날을 달이는데……

불 들어오는 빈집

도외지로 하나 둘 떠나고
밤이면 불 들어오는 마지막 집
이제 동네가 아닌 외딴집.
먹고 살기 힘들어 이웃들
이삿짐 싣고 바람처럼 내달릴 때
명절 꼬옥 다녀가라는 할머니 말씀.
외딴집 무슨 일 생겼나
지붕에 학 날아와 앉더니
경운기 겨우 지나는 비좁은 길
한가위도 아닌데 늘어선 승용차들
빠져나가지 못해 헤매더니
다음 날 마당에 생긴 둥근 묘.
돌아가는 꽁지에 행복하게 살라는
할머니의 영원한 염원이 보이는
빈-집으로 남지 않을 집
밤이면 불 들어오는 빈-집.

그루터기

파란 싹이 돋지 않는다하여
정녕, 정녕 끝난 생이냐
오가는 나그네 궁둥이 붙이다가고
새들 쪼그리고 앉아 졸다가는
누가 보아도 넉넉한 쉼터인데
나뭇가지 간곳 모른다하여
이리 끝이라니 성급한 결말 아니냐
눈에게 자리 내주기도 하고
햇살이 간혹 추위 녹여가는 곳
먼 길 떠나는 초입 아니냐
직진신호 받고 달리다가
다음 사거리에서 회전신호 받아
들어서면 앞에 펼쳐진 것이
또 다른 직진이듯 그루터기 또한
새 신호 받은 것 아니냐
드르릉 시동소리 영면의 코골이로
오인하고 있는 것 아니냐

나무 그릇

목기공장 앞 탑처럼 부려진 원목들
무엇이 되기 위해 눈도 맞고
바람도 맞고 봄 지나 말려간다.
사람을 위해 바쳐야하는 순장의 운명.
아플 것이기에 아프냐고
다시는 낫을 수 없는 상처기에
연고 사줄까 가식적인 말조차 건네지 못한다.
숨을 누르는 피 말리는 고통
참아 깎기기에 감히 면전에다 두고
뻔뻔하게 하얗게 아름답다는 말 어찌하랴.
누구네 고운 정성을 담기 위해
속내마저 내어주려 기계로 오르는 저들.
육신을 벗어 주고 스스로 헌신하는
영혼마저 바치는 저의 신앙은 무엇인가.
인간을 저토록 사랑할 줄 아는
저 종교에 나 귀의할 수 있다면.

비밀의 섬

싸르락 눈발이 바다에 쌓이는 겨울날에는
말 못할 사연을 들고 그 섬에 가지 말아야한다

백사장 조개처럼 하얀 입술을 벌리고
수평선을 향해 소리치면 이제 날 알게 된
섬의 모든 것들은 다 같이 아파하기 시작한다

육지에서 오던 여객선도
여린 나의 음성을 듣고 그만 돌아가버린다
아예 다 비우고 가라고 귀양지처럼 가둔 섬

고깃배 만선이 되어 돌아오는 항구에서
배고파야 육지로 가는 배를 만날 수 있다

파도가 들은 사연 몰아와 모래톱에 숨기는 사이
허기진 뱃길마저 덮어주는 눈… 먼 조약도…

명상록

자기 영역인 듯 넝쿨을 치고
가시를 세운 가시풀
호미 다가오자 옷소매를 뚫고
오이밭 주인 팔뚝을 찌른다.
박힌 곳마다 달궈 존재를 알리더니
간지럼 풀어 약올린다.
돌아와 맞불 구급약 바르고
숨죽이느라 연한 부채질을 해댄다.
상처는 일방적인 게 없단다.
자유로운 풀밭에서 잡혀온
생의 막다른 길, 독약에 싸여
시들어간다고 양각처럼 더 낯붉힌다.
난 낯선 긁힘에 버르르 떨며
남의 입장 따위는 관심 없다.
아우렐리우스보다 더 적나라하게
가시풀은 이기적인 날 아로새겨
기록하는 중이란다.

집게

누군가 살다간 뒤에 빈 집

껍데기 주워 바다로 가
먼지 묻은 창 반들반들 닦는다

몸이 커져야 이사 가는
평생 집 찾아다니는 집게.

기왕 장만할 때 큰 걸로-
나그네 군말에 걸레질 멈춘다.

딱 맞는 집이 떠돌기 편한 줄
집이 짐 되면 그때야 알지-

혼자이여도 외로움이 살지 않게
문 슬쩍 열어둔 집

바다와는 한 집이여서
세상과는 한울타리이여서

큰 집이 다 뭐여- 새집 든다.

낙화

꽃 예쁜데도
다들 좋아하는데도
잠깐이기 망정이지
따분할거야

사라지기에 도리어
애틋함도 크지
사랑도 사람도 떠나기에
나중이란 없는 시간이지

지구 안에는 노상 새 주인뿐
옛 주인은 화석이거나
어느 지층에서
영원한 잠을 청하거나

지금 사랑하지 않는
사람은 어리석지
떠날 사랑은 하지 않겠다는
사람은 더 어리석지

잠시였기에
눈부시게 아름다운 봄날
깊이 기억될 사랑
낙화

미친 그리움

누운 그대 가슴에 글씨를 쓴들 써질까마는
외우게 하여도 오래 기억이 날까마는
그냥 이대로 그 사람 곁에서
잊히기 싫은 건
그대는 두 다리가 없어
혼자서는 아무대도 갈 수 없음입니다

저 세상에서는 누가 그대를
수레에 싣고 다니지요

그대 살 속으로 모래가 서걱대고
바람이 불어 흔적마저 내놓아도
그 모래 속에
그 먼지 속에
간직되고 싶은 이름

누운 그대 머릿속에 푸르게 흐르도록
영원히 살고 싶은 나의 영혼

비오는 날 비 맞으며 빈 수레를 끌고 가는 나를
사람들이 미친 여자라 불러도
그대가 그리우면 돌아다닐 수밖에
어쩌랍니까
그런 사랑 하나 가지지 못한 사람들이 안타까운 걸
어쩌랍니까

묶음 넷

쉬엄쉬엄

나는 답한다

햇살아, 녹이려느냐 그건 헛심이다
그를 얼린 건 동장군 북서풍도
얼음도 아닌 사람, 사람이란다
무서리 내리는 밤이 오면
나뭇가지에 내린 하얀 실을 뽑아
뜬눈으로 새어 그의 목도리를 짜자
상처를 옹이로 만들지 않는 건
등 뒤에서 감싼 두 팔 붕대라는 걸
깊이 울어낸 차 한 잔이라는 걸
살아보라 뼛속 깊이 절로 스미려니,
이른 새벽 누군가 깨어
지나는 행인들 행여 넘어질세라
눈길 연탄을 함박 퍼부어놓은 온기로
그의 빙하에 날 퍼부어 덮어주자
마음 아니면 뜨거운 것 어디 있으랴

- 〈너에게 묻는다〉에 〈나는 답한다〉

비단

저 나무 봄장마에
열매 안 맺것다
나무 주인 오면
내가 다 먹은 줄 알것다

할머니 걱정 앞
허물어진 빈집
드러누운 담 옆으로
매화나무 한 그루

먼길 떠난 주인
아득한 날에 신맛이라도 남아
이맘때면 언뜻언뜻
침이 고여 오것지

주름진 비단이 싸놓은
고운 마음씨
매화나무 미안해
뜬눈으로 새우는 하얀 꽃밤

지리산 달궁

배꼽에 파스 붙이고
미역귀 뜯어먹으며
버스 타고 굽이굽이 돌아
새집 찾아간다.
공주는 궁지에 몰려 도망치는
피난을 이사로 안다.
신하에게 배신당해
회사를 빼앗긴 왕의 손잡고,
버스에서 내려 걸어
첩첩고개 힘들어 울먹울먹 넘어간다.
얼마큼 가면 집 나와?
달이 사는 곳이라 좀 멀어.
계수나무 아래 토끼들이
방아 찧는 거 봤지.
달의 궁전 앞마당이야
이웃이랑 변한 마음도
진한 배반도 없는 달궁이
우리 새 궁이란다.

아니, 모릅니다

- 어느 수도사의 고백

태양은 달에게 자리를 내어줌으로써
다디단 휴식을 찾았고
꽃잎은 눈부심에서 물러남으로써
옹골찬 열매를 달 수 있었죠.
압니다.
사원 앞 분수대에 동전을 던져놓고는
기도하는 사람들을 봅니다.
맑은 물속에서 반사되는 동전들
놓은 것은 저리 반짝 반짝인다는 걸
압니다.
비둘기들은 종탑에 앉아 나의 표정과
눈빛을 바라보며 지루해라합니다.
모이 던져주는 종지기 불러
종이나 치지 딴 짓이냐고 나무랍니다.
압니다.
오래전 다 버릴 길을 찾아 여기 왔는데
날로, 날로, 나의 말은 사라지지 않고
신의 뜻이 되고 있음을.
내 뜻이 정녕 그러하냐고 신께서 물으시면
핑계의 말조차 모릅니다.

달빛친구

서울 마지막 달동네로 겁나게
불도저 탱크처럼 올라온다.
피난민처럼 갈길 모르고
이삿짐을 싼다. 밤길 초롱처럼
어깨에 앉아 비춰주던 달
날 물끄러미 내다보고 있다.
아래는 찬란한 도시의 불빛
저 남는 불빛 조금 나눠주었으면
바라던 컴컴한 퇴근길
날 찾아준 동무는 오직 너 밖에.
박물관 같은 집들이 헐리고
하늘 찌르는 빌딩들 들어오면
넌 있으나마나한 애물단지
목 긴 할로겐 가로등이
하늘마저 싸악 재개발하겠지.
올 날 기약 없는 피난길
사십년 지기 두고 갈 수 없어
이불짐에 넣고는 꽈악 묶는다.

교만

구례 운조루
타인능해他人能解 쌀독,

쌀은 어디가고
빈 독으로 나뒹구는가.

강남
압구정동 거리에 두었더라면
여태
차고 넘쳐있을 것을,

저 양반
시골 제 집 대문 앞에
타인능해 쌀독을 두었다지.

오만함이로세!
입때 오만함이로세!

살아있는 상가

국화야, 고대 순장도 아닌데
산목숨 바쳐 여기 왜 왔느냐
기다란 리본 장식은 뭐냐
무슨 출정식인 줄 아느냐
잔디야, 저 많은 이불은 뭐냐
몸이 반에 반 평도 안 되는데
그 양이면 웬만한 산자락도
거뜬히 덮고 남겄다!
삼각산 바위야, 웬 외출이더냐
주소가 틀린 것 아니냐
가고 싶은 데 가지 뭐 하러
뉘 불러 근처로 왔느냐
욕심 많은 영혼이라고 그분께
나 오해받을까봐 나무뚜껑 잡고
덜덜 떨고 있는 것 안보이냐

파편화破片花

님이시여 수많은 그릇 중에 막사발
왜 저를 택했나이까그려

술이 닿으면 술잔 물이 닿으면 물잔
님의 입술이 닿아야 비로소 입술입니다

님께서 두 손으로 정중히
받쳐 든 나에 대한 끝없는 예우

님이시여 파편화를 아십니까?

저를 허공에 놓는 순간
땅바닥에 날카롭게 내릴 사금파리 꽃망울들

치우려다 손가락 에어 베이면
빨갛게 갓 핀 파편화 꽃잎을 보겠죠

함께 아니면 피울 수 없어

아려도 마지막 순간까지 한 점 흩트림 없이

극진히 대해주실 님이시여

그 꽃 피거든 날 잊으오
너무너무 미워 오래 님을 잊겠나이다그려

그으레

이것 참나,
세상살이 풀리지 않는 날에는
줄포만갯벌로 가 뒹군다.
바다를 빨아올리는 실핏줄
나의 살과 둔탁한 뼈를
갯지렁이 깨물어 말랑말랑 개펄로 갈아놓으면
그 안으로 그으레 간다.
세파에 얽혀 딱딱해진
백합 같은 날도 골라 주어내고
가벼운 실랑이 동죽같이 뭉친 일도 골라낸다.
삭은 상처 쪼아대는 갈매기
더는 썩지 않게 염장하는 소금물
수술이 끝나자 도려낸 환부를 등에 진 여인이
하얀 발바닥으로 밟아 수술자국
반지랍게 펴주는데,
이것 참나, 내 속을 모르는
게 한 마리 찾아와
굴 뚫는다 함께 가잖다.

약속의 미학

저 나이 먹으면 저 때가 오면
난 그러지 말아야지 했는데 불현듯 돌아보니
그때 벌써 지나치고 있네.
세월 깊은 줄도 모르고 쓸 것 몹쓸 것
필요 있는 것 없는 것 잔뜩 쌓아놓고
문 걸어두고 살고 있네.
누군가 날 바라보며 저 나이 먹으면
저 때가 오면 저리는 말아야지
다짐하는 것 같아 후다닥 망치 들고 벽 허무네.
지붕도 기둥도 바닥도 들어내 나눈 자리
햇살이 비추는 빈 뜰
그저 바라만 보아도 노란 웃음이 생겨나는
곧게 선 해바라기 심네.
훗날 뒤돌아보고는 다시금 근심하여
그때 손 잡아줄 것을 조금 더 웃을 것을
어쩌다보니 그만 시들었다는 나에 대한 실망
싫어, 지금 아니면 안 되는 까닭 심네.

숨바꼭질

아빠는 땅으로 돌아갔다하고
엄마는 하늘나라로 갔다하네.

그는 어디로 갔을까
어디로 간 걸까.

아빠는 감은 눈앞에 있다하고
엄마는 가슴에 들어 있다하네.

그는 어디에 있을까
보이지 않으니.

아빠는 하늘과 땅이 한통속이라 하고
엄마는 겉과 속이 하나라 하네.

입 모아 죽음은 문턱 없는
삶의 뒷마당이라 하네.

뺘아픈 후예後裔

사람이 무슨 대수인겨
짐승보다 못한 것들 부지기수여
사람이라는 유혹에 넘어가
쑥 마늘로 시험당하고
끝내 사랑도 구걸해버린
난 비참한 웅녀.
사랑이야 내 업보다손 치더라도
도대체 이 장애는 뭐냐 아들아
거기는 유두가 아니라
아들아 네 어미 쓸게다 폐부다.
사랑한테 모멸당하고
자식한테 버림받고
그래 호랑아 너는 옳았다
유혹에서 벗어나 숲 속의
황제가 된 친구여, 너에게 바라면
나 다시 곰으로 돌아갈 순 없니.

에미

네 줄 것 예 있다.
꽃삽,
물조루,
봄이 기다려질 게다

눈 녹아 흐르면
흙을 갈렴
잘 덮고는
그늘 되어 주고
바람막이도 되어 주려므나

언제나 알려나
꽃씨 가꾸는 법

꽃씨 심었더니 그 땅 속에
꽃씨 없는 줄
어디로 가는 줄 알면
그땐 네도 에미다

한우의 이름으로

온 세상 휘날리던 치우천황의 붉은 깃발을 보라
동이와 혈맥을 같이하는 대륙을 누비던 한우를 보라

외세의 침략이 휘몰아칠 적마다 몸소 외양간 열고
우두머리 앞장서 물자 나르고 살신성인하였으니
뉘라서 대한민국을 사람들만의 나라라 하랴

구정물 한 솥 볏짚 말은 정든 여물을 새기고
드넓은 들녘 밤낮으로 갈아엎어 씨앗을 누여
숨은 열매 부르는 우리 꿈이 되어주는 충신을 보라

이상이 아닌 언제나 눈앞 현실로 이루어놓기에
그 여로, 지칠법도 한데 풍백 우사 몰아쳐도 거침없이
일터로 나서는 반할 수 밖에 없는 우직함을 보라

개방이라고, 버겁다고, 시대가 아무리 막말을 해대도
우리 조상님과 영혼이 같은 그를 어찌 잊으랴
가슴이 찡하도록 사랑하기에 늘 연애를 건다

암만 힘들어도 앞으로 뚫고나가는 그것만이 한우라고

까마득해도 당당히 맞서는 그것만이 한우라고
우린 이미 그리 알고 있기에 그리 말함이 너무 기쁘오!

부활한 영웅 붉은악마 전장마다 승리 부르니
한우여, 우리 손으로 우리 땀으로 우리 믿음으로
이어 영생의 푯대 세우리니 만천하 동두철신 나아가라

기다리는 빛

깊은 어둠 속에서 설레는 낮은 목소리
그대가 날 부르는 따스한 소리
이끌려 하염없이 길을 따라나섰죠.
지치고 야윈 구두굽이어도
그대가 부르시기에 쓰러질 수 없음을
마른 입술 굳게 깨물었죠.
그대 목소리 떨려올 때 직감했죠.
밖으로 나가는 문을 찾았음을
저기 저 희미한 한줄기
그대와 사랑하던 날처럼
에메랄드빛이 눈에 들어오기 시작했죠.
다시 시작하는 줄 알았는데
그대 목소리 끝에 앵무새.
속지 않으려 해도 그대 같아 속고 말았네요.
나에게 그대 아닌 빛은 필요 없어요.
두 눈을 감고 저 빛을 두고
깊은 어둠 속을 걸어 그대 빛을 찾아가요.

인연

먼 여로 정해진 건 없다
소나기에 몰려
다다른 처마 밑
여승과 단둘이 서 있다
축축한 장삼
비스듬히 서자
비친 맨살이
하늘하늘 눈에 들어온다
말 걸어볼까
어디서와 어디로 가느냐고 물어볼까
- 망설임 -
닮은 듯한
어디선가 만난 듯한
연인처럼 두근거리며 서 있다
멀어지는 등
후로는 다시
낯설어질 필요는 없다

아내 감기

귓전에
밤새
딱딱딱딱

힘겨운
부리
그칠 줄 모르고
이어
딱따구리
달팽이관 더 깊숙이
집짓는
소리
콜록콜록

허락하는
나는
한그루
둥구나무

귀무덤

내 귀를 다오, 귀무덤이 여기 어디더냐
말귀 알아들으려고 무참히 잘라간 게냐.

동대사 앞 너른 벌판 야생 일제 떼여
절로 들어오니 너도 중생이구나
네가 숙인 것이냐 누가 숙여놓은 것이냐.

참회의 기도 울음 저물어도 몹시 애달프니
광야의 일들 어찌 일일이 다 물으랴
짐승보다 못한 사람으로 저지른 참상.

흩날리는 벚꽃잎, 비로자나불 눈에 들어
대속의 눈물로 번져 윙크하노니
감내하듯 이제 벅차게 아리지 않구나.

한낱 세속의 미물로 다시 돌아가지 않길
금강역사여, 내 말귀 못 알아듣고 풍신육갑들
문 나서거든 죽비로 등줄기 내리치려무나.

- 동대사에서

사랑가

사랑이야, 사랑이야,
내 사랑이야 어이 보아도 내 사랑이야.
밤새 춘향전 읽네.
책상 밑 귀뚜라미 오작교 밑으로 알고
더듬이 쫑긋 세우고 숨죽이네.
외롭기는 저나, 나나,
아침 눈 떠보니 귀뚜라미
책갈피처럼 책에 눌려 납작.
육신 두고 영혼일랑 어디 갔나.
못다 읽은 러브스토리 속으로 들어갔나
어쩌려고, 급하기는....
오늘밤 춘향전 다시 열면
소설은 쓰인 채로 끝나지 않고
새 등장인물로 이어 은하처럼 흘러가겠지.
귀뚜라미 춘향아씨와 동무하는
조금은 외롭지 않을 가을밤.

어머니초상

컬러 잡지 속에 금가루 바른
잘난체하는 것들 보다가 눈부셔
선글라스 끼고 장보러 간다.
보도블록에 깔린 보자기는
고향집 앞마당 아담한 텃밭.
어머니는 밭둑에 앉아
시금치 옷고름을 정갈히 매고
무 흙발을 세족하고 계셨다.
정원 너른 집이 더한 것이
저곳보다 더 편안할 수 있으랴.
무릎 가까이 누우면 마냥
저기 누울 수만 있다면 마냥
수수한 어머니가 미나리처럼
긴 생머리 만져주실 텐데……
흑백사진을 보여주는 선글라스에
그만 격해 방향을 잃은 다저녁.

가을단상

가을이 오면 전봇대에 붙은 광고지들도
내려와 낙엽처럼 거리를 뒹구는데

비포장 길 자갈을 타고 덜컹대다가
활자들 빠져 백지로 돌아가는데

사진기도 가을걷이하느라 안구건조증인데

저건 신의 공평한 선물 시간을 내
아무나 퍼 가져가라는데

생각만 하고 생각 밖으로 나오지 못해
갈망의 갈증을 마시며
모닥불처럼 가슴만 태우는 우리여

아, 아무리 망망해도 추어탕집 간판이
추억탕으로 보이지 않으면

아차차, 반드시 사거리 안경점
김선생님 찾아가볼 일인 줄 알면 된다

휴머니즘

옷을 사러
공설시장에 갔다가
배추도 사고
두부도 샀다

귀하다는
정은
억만금을 줘도
팔지 않는단다
언제나
덤이란다

꿈의 조립

장난감을 조립한다
풀로 붙이고

아이는 놀자 보채고
종일 집안 돌보며 하는 부업
지친 낮잠
얼마나 지났나
너무 잠잠해 일어나보니

저 많은 장난감을
온 방안에 깔아놓고
마냥 신나게 놀고 있다

잠든 사이
장난감이 엄마의 꿈을
조립해 놓았다

순수의 시대

남원 홍부제 슬금슬금 박 타는 행사
아이들과 톱질하여 박을 탄다
홍부는 한 끄니 식사를 기도하여
박을 타 부자가 되었고
놀부는 금은보화를 꿈꾸며
박을 타 쪽박을 찼다
세상살이라는 것이 어디 꿈꾸는 대로 되던가
이것 나오라면 저것 나오고
저것 나오라면 이것 나오니
도깨비 장난질인가
아이들 무엇이 들었을까 궁금해 하는 표정
사뭇 진지한 얼굴로 난 재미삼아 빈다
숨겨둔 보은박씨 내놓으라고
로또 당첨번호라도 점지해 줄지 알았던 박은
갈라져 맨송맨송 하얀 얼굴
그러는 것인데
아이들 딴엔 있어야할 것이 없다는
서운함이 들었는지
요천강변에 올라 강남 가는 제비들에게
봄소식 기다릴게 큰소리를 보낸다

능산리천제

5악신선 초청을 받아 사비로 달려온 동서남북 사람들 능산리천제로 아우러진

봄이다.

언 대지를 박차고나온 아지랑이 겨울잠 자던 용의 코끝을 연하게 건드린다.

천제에 늦은 줄 알고 놀라 깨어 부소산성 뛰어내려오다 미끄러져 백마강에 빠진다.

허우적, 황포돛배 타고 그루래나루에 올라 용비늘 벗어 턴다.

관객들 놀라 프레스토 도망치려하자 바닥에 깔아 클래식하게 멍석으로 내준다.

설레임 가득 불멸의 공연이 막 시작되려 무대불이 수그러든다.

여름이다.

해거름 마애불 미소 같은 연꽃들 축제의 거리마다 진분홍 꽃등으로 선다.

신념을 담아 용기로써 싸우다간 황산의 마지막 비장한 장수를 위해

본 제에 앞서 화판 사이로 비천선인 어룡 서수 한데

어우러져 바로크 무무를 춘다.

무녀가 도레미파솔라시도 줄 위를 걷자 엉킨 살이 오선처럼 풀어진다.

한 걸음 두 걸음 프레스토할 때마다 천상의 영계가 열려 이심전심 깊으니

애증도 백제도 한줌 재로 허공에 흩어져 진한 향수享受로 남는다.

가을이다.

봉래산 자락을 찾아온 기러기 떼 무대 배경처럼 달 곁으로 무리지어 날아간다.

물고 온 낙엽들 거문고줄에 놓자 바람이 유하게 때론 열하게 흔들어준다.

음색이 멈추지도 물러서지도 않는 배소지나 부드러우나 강한 북으로 흘러들어간다.

그새 완함 일어나 종적을 깨우니 협주곡이 관객들 심장을 열고 빠르게 파고든다.

어제도 옛 과거도 오늘도 먼 후일도 하나이기에 하나의 동이임을 알고

미움과 증오 향불 속으로 던져 넣으니 타올라 연기처럼 무상무념 흩어져간다.

겨울이다.

흥에 취한 봉황이 노래를 따라 부르자 울대를 누르던 억압의 여의주가 떨어진다.

뚜껑에 부딪혀 산산히 깨어져 봉래산 계곡 사이로 먼지처럼 사라진다.

자유의 날갯짓, 어둠을 쓸며 알레그로 논 몰토 창공으로 힘차게 솟아오른다.

천상 높이 올라 태양을 물고와 돌아갈 관객들 길 위에 환히 놓는다.

삼천궁녀 새길 길목에 서서 멀어지는 뒷모습에 새기도록 〈우리〉를 연호한다.

오호라,

멀리 천계와 세상이 빚은 백제금동대향로 숲에서 〈사계〉가 보인다. 아, 들린다.

| 작품해설 |

'시 속에서 쉬고 싶은 시인' 의 소나티네

- 최용만 시집을 읽고

이 종 섶 | 시인

| 작품해설 |

'시 속에서 쉬고 싶은 시인'의 소나티네

- 최용만 시집을 읽고

이 종 섶 | 시인

최용만 시인의 시집 제목은 『내 시 속에서 쉬고 싶다』이다. 이 제목 하나가 최용만 시인의 삶과 시가 어떻게 어우러져 왔는지를 그대로 보여준다. 최용만 시인과 그의 시와 그 둘의 상관관계가 어떻게 나타나는지를 단적으로 보여주고 있는 것이다. 최용만 시인은 시를 쓰고, 시는 최용만 시인에게서 나오는데, 그 둘의 관계는 한쪽이 다른 한쪽으로 들어가 쉬고 싶다는 것, 즉 시인이 시 속에서 쉬고 싶다는 관계로 드러나는 것이다.

시인이 "시 속에서 쉬고 싶다"고 한 말은 무엇을 뜻하는가? 시인에게는 남들이 알지 못하는 특별한 쉼이 있다는 것이요, 그 쉼을 시 속에서 누린다는 것인데, 바로 이것이야말로 시와 시인됨의 가장 기본적이면서도 특별한 것이 아닐까 한다. 시 속에서 쉰다는 말은 시와 정서적 일체감을 가진다는 말이다. 아니, 자신의 감정을 있는 그대로 시를 통해서 표현한다는 말이다. 이 경우는 시의 기교나 예술적 성취보다는 자신의 정서를 드러내는 시의 본질을 추구한다고 할 수 있는데, 이것이야말로 시 속에서 쉴 수 있는 가장 좋은 방법이라고 할 수 있다.

사람이 살아있는 한, 그것도 시를 품은 사람이 살아있는 한, 시는 영원히 미완성이다. 살아있는 사람은 언제나 안식을 동경한다. 그래서 살아있는 시인이 시 속에서 쉼을 누리는 행위의 서술은 과거나 완료가 아닌 현재와 현재적 미래형으로 나타날 수밖에 없다. 오늘의 고단함을 시 속에서 풀고 내일의 고단함도 시 속에서 해결할 시인의 삶. 이것이야말로 시인의 천성을 타고난 자의 근본적 삶이 아닐까 한다. 시가 있어야만 쉴 수 있고, 시를 써야만 쉴 수 있는 사람. 그런 사람을 시인이라고 부른다.

> 입에 발린 말인 줄 알면서
> 늘 믿어주시는 늙으신 어머니와
> 손잡고 그 밑을 걸어가네.

—「살구나무 소나티네」 부분

그런 시인은 "소나티네"가 어울린다. "소나티네"는 그런 시인을 만나 아름답게 연주된다. 위에 제시한 시의 제목 「살구나무 소나티네」에서만 소나티네라는 제목이 사용되었지만, 사실 이 시집에 실려 있는 대부분의 시들이 소나티네 성격을 띄고 있다고 해도 과언이 아니다.

소나티네는 무엇인가? 소나티네를 알려면 먼저 소나타를 알고 그 소나타와 비교해보면 된다. 소나타와 소나티네는 일종의 음악 형식으로 그 성격이 동일하다. 그 둘의 본질과 생김새는 같으나 규모나 크기에서 차이가 난다. 소나타 형식을 예로 들면, 제시부-발전부-재현부로 전개되는 A-B-A' 형식이 가장 기본적이다. 이 형식이 소나티네에도 그대로 적용된다. 형식적 차이가 전혀 없다. 단지 차이가 있다면 분량이다. 소나타는 길고 소나티네는 짧다.

이 길이의 차이로 인해 소나타와 소나티네는 각각의 형식적 그릇에 담기 알맞은 내용들을 취해왔다. 소나타는 기교와 깊이에서 월등함을 보이는 곡들을 택해왔고, 소나티네는 상대적으로 쉽고 단순하면서도 사랑스러운 소품 성격의 곡들을 택해왔다. 바꿔 말하자면, 작곡가의 이성적이면서도 의지적인 구상은 소나타로 나타나고, 작곡가의 가슴에서 스치듯 우러나오는 감상은 소나티네로 나타났다고 할 수 있다.

보편적으로 생각해보면 소나타보다 소나티네가 규모도 작고 쉽다는 것인데, 이것은 일면 피아노 학습에서 나온 지나치게 단순한 생각에 불과하다. 악곡의 형식을 떠나서 살펴보면, 대규모 악곡에서도 소나티네 같은 성격의 곡들이 자주 등장한다. 일례로 기악곡이나 관현악곡의 2악장은 전체와 비교해 볼 때 분량도 작고 기교도 쉽다. 그러나 2악장만의 특유한 깊이와 아름다움이 있어 음악 애호가들에게 사랑받는 2악장이 많다. 인생이 깊어갈수록 2악장의 새로움을 느껴가는 사람들도 많다. 젊었을 때는 1악장의 화려함과 웅장함에 환호하지만 나이가 들어갈수록 2악의 고요함과 평안함이 주는 안식의 깊이를 음미하는 사람들이 많다는 것이다.

바로 그 2악장 같은 시. 그것을 여기서 시의 소나티네라고 부르고 싶다. 낮은 목소리로 천천히 연주하는 2악장 소나티네. 이것이 최용만 시인의 시 모음곡집에서 볼 수 있는 미덕 중의 하나다. 이글에서는 그 특질을 잘 드러내고 있는 시들을 모아 일관된 흐름 속에서 살펴보는 것으로 한다.

1.

깊어가는 가을 가운데
홀로 밤길 건노라면 풀숲에서
쉼 없이 들려오는 전화벨소리.
아무도 받지 않은 전화를
건 이는 누굴까.
다정히 받아 줄 친구는 어디 갔나.
간절한 음성으로 차오르는
과부하의 답답함을 느끼며 감염된 듯
나도 누군가에게 전화를 건다.
전화번호부에 걸린 수많은 인맥
저처럼 바라 온밤 내
외롭지 않을 이야기하고 싶건만
마저 지쳐가는 전화벨소리.
고독을 뿌리치고 싶은 본능이
풀숲으로 슬며시 들어가
수화기 든다, 여보세요.

—「가을통신」 전문

「가을통신」은 '쉬고 싶은' 마음이 어디에서부터 왔는지, '소나티네'를 왜 부르게 되었는지를 근원적으로 보여주는 시편이다. "깊어가는 가을 가운데/홀로 밤길 건"는 모습은 산책인 동시에 인생길에 대한 은유다. "홀로 밤길 건"는 것도 쓸쓸한데 "풀숲에서/쉼 없이 들려오는 전화벨소리"가 있다. 그 전화를 "아무도 받지 않"아 "다정히 받아줄 친구"를 떠올리며 "누군가에게 전화를 건다." "전화번호부에"는 "수많은 인맥"이 있어 "온밤 내/

외롭지 않을 이야기하고 싶건만" 들리는 것은 "지쳐가는 전화벨소리" 뿐이다. 바로 그때 "고독을 뿌리치고 싶은 본능이" 작동한다. "풀숲으로 슬며시 들어가/수화기"를 들고 말한다. "여보세요."

이 시에서 보여주는 마지막 부분은 시의 완성도를 높여주는 동시에 시적 재미까지 곁들이고 있다. 그러나 무엇보다도 중요한 것은 그 부분이 "시 속에서 쉬고 싶다"는 바람의 행위적 성취라는 것이다. 미래의 관점에서 '~하고 싶다' 라고 말하는 것을 감안한다면 현재의 관점은 어디까지나 그 바람이 행동 속에서 나타나는 것이라고 할 수 있다. 그것이 현재와 미래를 관통하는 진정한 삶이다. 따라서 "풀숲에서" 들려오는 풀벌레소리의 전화를 받기 위해 "수화기"를 들고 "여보세요."라고 말하는 것은 현실에서는 불가능하나, 시 속에서는 가능한 참 안식의 행위, 즉 '시 속에서 쉬기' 의 성취이다. 이 시적 '가상현실' 이 시인이 진심으로 갈구하는 현실이다.

2.

"고독을 뿌리치고 싶은 본능"(「가을통신」)이 '나와 누군가의 관계' 에서 전화를 걸기도 하고 받기도 하는 관계로 나타났다면, 「억새꽃」에서는 '나와 너의 관계'로 나타난다.

사진에 담지마라
너 돌아서면 나 없다
렌즈에 담아둔들 순간 멈춰둔들
나 아니다
바람 불면 고운 깃으로 날아
너의 뺨에 스쳐보고 싶고
도시락 김밥에 앉아보고도 싶다.
푸른 하늘을 날아다니다가
너의 눈에 앉아
눈물이 되어 흐르고 싶다
이 순간은 다시 돌아오지 않는다.
갖고 싶다면 날 가져도 좋다
꺾고 싶다면 날 꺾어도 좋다
나 좋으면
너 좋다면
지금.

—「억새꽃」 전문

'억새꽃'과 '사진을 찍는 사람'과의 관계를 빌어 나와 너의 이야기를 하고 있는 이 시에는 상대를 향한 마음이 절절하게 나타난다. 시인은 "사진에 담"기는 것에 만족을 할 수 없다. 왜냐하면 "사진"을 찍은 뒤 "돌아서면" 그땐 "나"라는 사람이 "없"기 때문이다. 사진 속의

나는 참 나가 아니요, 사진만 찍어 돌아가고 나면 그땐 남아있는 나 자신도 "없"는 것과 마찬가지이기 때문이다. 시인이 바라는 현실은 "고운 깃으로 날아/너의 뺨에 스쳐보고 싶고/도시락 김밥에 앉아보고도 싶"은 것이다. "너의 눈에 앉아 눈물이 되어 흐르고 싶"은 것이다. 이런 간절한 염원이 가슴 속에 사무치기 때문에 "갖고 싶다면 날 가져도 좋다"고 "꺾고 싶다면 날 꺾어도 좋다"고 말하는 것이다. "너 좋다면" 바로 "지금" 그렇게 하라고 말하는 것이다. 자신을 숨기거나 감추지 않고 오히려 감정과 표현을 적극적으로 드러내는 것은 어찌 보면 추해보일 수 있다. 그러나 여기서는 그 반대의 느낌을 보게 되는데, 그것은 시에서 흐르는 일종의 진심 같은 정서 때문일 것이다. 이런 내용을 상대에게 말로 한다면 삼류 소설에나 나올 신파조 정도밖에 되지 않을 텐데, 그것을 시라는 형식을 통해 표현을 하니 진심 이상의 그 어떤 소통을 획득하게 되는 것이다.

돌이켜보면 이와 같은 감정을 가지지 않는 사람이 없었을 터이지만, 실제로 그런 내용을 말하면서 살아온 사람은 그리 많지 않을 것이다. 사람과의 관계가 그리 호락호락하지 않을 테니까 말이다. 그러기에 시를 연마하면서 시를 통해 그런 감정을 여과 없이 그러나 시 속에서는 절제와 절창이라는 여과를 거치면서 이렇게 "시 속에서 쉬"는 것이 무엇인지를 또 하나의 장면을 통해서 보여주고 있는 것이다. 이러한 형태와 관습이 얼마나 값진 것인지는 시인 자신이 알고 그 시를 읽는 사람 모두가 안다.

3.

'나와 너의 관계'는 '남편과 아내의 관계'로 진전되었다. 아내가 감기에 걸린 것은 단순히 날씨 때문만은 아니었을 것이다. "딱따구리"가 나무를 "딱딱딱딱" 쪼는 것이 어디 감기에 걸려서 그랬을까. 시부모와 남편과 자식들 뒷바라지에 몸이 피곤하고 지친 탓에 그리 된 것이 아니었을까.

귓전에
밤새
딱딱딱딱

힘겨운
부리
그칠 줄 모르고
이어
딱따구리
달팽이관 더 깊숙이

집짓는
소리
콜록콜록

허락하는
나는
한그루
둥구나무

—「아내 감기」 전문

아내 기침소리가 "귓전에/밤새" 들려온다. 기침이 "그칠 줄 모르고" 계속 "이어"진다. 그 기침 소리가 남편 귓속 "달팽이관 더 깊숙이" 박힌다. 그 소리를 마다하지 않고 "허락하는/나는/한그루/둥구나무"가 된다. 기침소리로 대변되는 아내의 모든 것을 받아주는 남편. 그 사내는 "밤새"도록 쉬지를 못했으나 사실은 시의 마음이 되어 "밤새" 자신의 "시 속에서" 쉰 것이다.

쉼이란 참 좋은 것이다. 나아가 쉼이란 반드시 필요한 것이다. 쉼을 통해 상대를 위로하거나 사랑하거나 진정시킬 수가 있고, 쉼을 통해 나 자신의 안정을 도모하고 현실의 피폐한 무례함을 넉넉히 견디어 나갈 수가 있기 때문이다. 고단함을 거쳐 안식을 누리는 것이 참된 쉼이지 아무렇지도 않은 생활 속에서야 그 무슨 쉼을 맛보거나 깨달을 수 있으며 그 자체를 쉼이라고 말할 수 있으랴.

천변 시멘트 주차장, 장맛비 그치자
넘친 강물 다급히 빠져나간다.
그 안 갈라진 틈 속 송사리 떼
미처 따라가지 못해 허둥대고 있다.
금방이라도 비 오지 않으면
길 떠난 강물 돌아오지 않으면
저들 생은 장담할 수 없게 생겼다.
새벽 예배당으로 가다 멈춘 발길.
배 드러내고 누워 비오라고
뻐끔뻐끔 들숨날숨마다 소망하는
간절한 소릴 들어주고 싶어진다.
〈아이들 등록금도 내야하고
시아버지 병원비도 보태야하는데
하늘이 막아 장사를 통 못했다〉는
긴 숨과 원이 뒤범벅된 나의 넋두리.
누군가 기도소리로 잘못 들었나
물고기들 강으로 돌려보내자
하늘에 슬그머니 햇살 풀어놓는다.

—「기도」 전문

쉼을 파괴하거나 쉼 없이 살 수 없게 만드는 것은 "천변 시멘트 주차장, 장맛비 그치자/넘친 강물 다급히 빠져나"가는 것 같은 인생의 본질 탓이다. "그 안 갈라진 틈 속 송사리 떼/미처 따라가지 못해 허둥대고 있”는 것 또한 사람의 삶이 무엇인지를 정확하게 보여주면서 쉼을 방해하는 한 요인으로 등장한다. “금방이라도 비 오지 않으면/길 떠난 강물 돌아오지 않으면/저들 생은 장담할 수 없게 생”긴 것이 우리네 삶이 아니던가. 시로 드러낸 이와 같은 현실은 다름 아닌 “아이들 등록금도 내야하고/시아버지 병원비도 보태야하는데/하늘이 막아 장사를 통 못”한 것으로 나타난 것이다. 그때 들려오는 “긴 숨과 원이 뒤범벅된 나의 넋두리.”

이와 같은 내용은 「아내 감기」의 배경이 되어 준다. 아내의 고생과 고통을 자신의 몸 안에 “허락하는” 시인은 “한그루/둥구나무”가 된다. 그것은 「기도」라는 시에서 나타난 인생의 실존적이면서도 입체적인 공감과 이해를 진심으로 하고 있었다는 증거이기도 하다. 시인의 이러한 입장은 역설적이게도 시인 자신에게 시가 “한그루/둥구나무”로 존재하고 있었다고 할 수 있다. 사람이 어디 성인군자만 있다던가. 아니, 성인군자라고 할지라도 평생 성인군자로만 살 수가 있다던가. 그러니 시인 역시 마찬가지여서 자신의 짐 위에 아내의 짐까지 져야 하니 그 생활이 오죽 힘들었을까. 그러나 시인은 돌파구가 있었다. 아내로 인한 자신이 또는 자기 생활로 인한 자신이 “밤새” 기침을 하면 자기의 기침을 받아주는 “한

그루/둥구나무"라는 자신만의 시가 항상 곁에 있었기 때문이다. 그 "시 속에" 들어가 언제든지 쉴 수 있었기 때문이다.

「기도」의 공간적 배경이 되기도 하면서 나아가 그 어떤 어려운 환경일지라도 극복해낼 수 있는 시적 배경이 되기도 하는 「소금연인」을 살펴보자. "시 속에서 쉬고 싶"은 바람의 성취를 위한 시적 의지의 결정체인 이 시는 '쉼'과 '소나티네'가 잘 어우러진 절창이다.

사랑이 희미해져갈 때면
진서 곰소로 가자
세파에 녹은 우리 사이
기억마저 희미해진 날들
염전에 누워 바람으로 햇살로
구워 다시 태어나자
몹시 흔들리던 어제에서 나와
시기와 질투를 지우고
비로소 형상을 지니자
얼마 남지 않은 시간 허투루
보낼 순 없다
소금창고 통나무 방에서 우리
다시는 변하지 않을
썩지 않을 여문 사랑을 하자
하얀 별을 노래하자

—「소금연인」 전문

살다보면 "사랑이 희미해져갈 때"가 있다. "우리 사이"가 "세파에 녹"아버리는 시기도 온다. "몹시 흔들리"는 날들이 있고, 그러는 동안 "시기와 질투"로 인해 "변하"기도 하고 "썩"어가기도 한다. "눈이라는 잣대"로 "이랬다저랬다/좋은 사람 나쁜 사람 가리는 것"(「서시」)을 경험하기도 한다. "사람이 싫어 미치겠"다는 자괴감이 들 때가 있고 "사람이 싫어 사람 곁에서/날뛰도록 도망치고 싶"(「하여가」)을 때도 있다. 그런 문제는 타인에게서 비롯된 것이지만 자신에게서도 비롯된 것이기도 하다. "삶이 역경이여서 살다보면 피치 못해/나도 누군가에게는 꽃이 되지만/또 누군가에게는 가시 같은 존재"(「꽃 같은 삶 가시 같은 삶」)가 될 수도 있다는 것이 인생이기 때문이다.

그러나 시인은 그때마다 "다시 태어나자"고 외친다. 새 "형상을 지니자"고 권한다. "다시는 변하지 않을/썩지 않을 여문 사랑을 하자"고 주문한다. 왜냐하면 "진서 곰소"가 있기 때문이다. 거기 가서 "염전에 누워" 있으면 "바람"과 "햇살"이 자신을 "구워 다시 태어"날 수 있게 해주기 때문이다. "진서 곰소"에 있는 "염전"은 시인에게 생명과도 같은 곳이다. 자신을 언제나 새롭게 만들어 주는 곳. "하얀 별을" 바라보며 "노래"할 수 있게 해주는 곳. 그곳을 생각만 해도 마음이 새로워지는 "진서 곰소"의 "염전"은 시인 자신이 도달하고자 하는 시와 인생의 궁극적 목표요 기능이요 누림이다. 동시에 시인이 "시 속에서" 쉬는 것이 아닌 '시가 시인을 쉬게 해주는 이상적 관계'의 전범이다.

그래서 "들판을 지나는 모진 바람이/우거진 덩굴 마구 헝클어놓아도/꽃봉오리 꺾어 뭉개놓아도 그 꽃나무/시든 자리 새로운 집 지어"(「너도 꽃」)갈 결심을 하게 된다. "그냥 왔다가/그냥 가는 것은 없"기 때문에 "제 몸을 녹여주는/빛나는 이유"(「향기로운 부패」를 알고 그 이유에 답하는 삶을 완성적으로 향하게 된다. 그러기에 "피 말리는 고통"을 당하면서도 "육신까지 벗어 주고 스스로 헌신하는/영혼마저 바치는 저의 신앙" 같은 삶이 이르고자 하는 것이다.

숨을 누르는 피 말리는 고통
참아 깎기기에 감히 면전에다 두고
뻔뻔하게 하얗게 아름답다는 말 어찌하랴.
누구네 고운 정성을 담기 위해
속내마저 내어주려 기계로 오르는 저들.
육신을 벗어 주고 스스로 헌신하는
영혼마저 바치는 저의 신앙은 무엇인가.
인간을 저토록 사랑할 줄 아는
저 종교에 나 귀의할 수 있다면.

—「나무 그릇」 부분

4.

'너' 라는 대상의 상실. 그 기분은 어떤 것일까. 눈과 귀를 자극하는 색채와 음계로 이루어진 「붉은 오카리나」를 통해 살펴보자. 여러 형태로 읽을 수 있는 시지만 여기서는 지금까지 추구해왔던 일관된 맥락에서 살펴보기로 한다.

그의 붉은 오카리나가 연주를 멈췄다.
오랜 세월 사랑으로 빚어
그가 나에게 작은 오카리나를 선물했다.
나의 오카리나 독주가 시작되던 날
흥분한 그의 오카리나는 음계를 벗어나기도 했다.
손잡고 오솔길 걸을 때도 가쁘게 뛸 때도
합연은 아름다웠고 가없이 행복했다.
나의 오카리나를 본 적은 없지만
분명 그의 오카리나와 닮았음을 미루어 알았다.
그러므로 오카리나는 사랑하지 않는 사람에게는
선물할 수 없는 에덴의 악기였다.
추운 겨울 그의 품에서 듣던 따스한 선율.
먼 여로 지쳐오면 익숙한 숨결로 안아주어
부서진 평화를 안심시켜주던 기적 같은 오리지널.
나는 오늘 그의 붉은 오카리나 곁에서
그의 눈꺼풀을 손가락으로 반음씩 닫으며

진한 사모를 긴 떨림으로 불었다.
나의 오카리나 속으로 그의 마지막 호흡이
유성처럼 흘러 들어왔다.

—「붉은 오카리나」 전문

"그의 붉은 오카리나가 연주를 멈췄다"는 것은 죽음을 뜻하는 것이리라. "오랜 세월 사랑으로 빚어" 온 날들의 삽화가 숨가쁘게 진행된 후 "나는 오늘 그의 붉은 오카리나 곁에서/그의 눈꺼풀을 손가락으로 반음씩 닫으며/진한 사모를 긴 떨림으로 불"어야 하는 날이 왔다. "나의 오카리나 속으로 그의 마지막 호흡이/유성처럼 흘러들어왔"을 때의 그림, 열정의 절제를 통해 고요함과 평화를 함께 어우른 그림 속 풍경이 그윽하다.

그이가 손끝으로 그려 보내 준 문자를
여러 날 지우지 못하고 잠이 든다.
갑갑한 휴대폰 통 속에서 나와
저 벽 어느 틈으로 도망치지 않을까하는 불안감.
새벽, 귀뚜라미 바스락거림에도 놀라
알람소리처럼 다급히 일어난다.
깊은 산속 외로움이 사무치거든 걸어주라고
사랑하는 사람 무덤가에 두고 온 휴대전화.
이제나 저제나 소식 오려나 기다리다
먼저 그리움을 참지 못해 걸어본다.
배고픈가보다. 허겁지겁 배터리를 채우러
산으로 가는 꿈의 마차를 탄다.

사랑하는 사람은 사랑하는 사람 곁에선
영원히 잠들 수 없기에
천상의 전화 기다려도 얼뜨기는 아니어서.

—「천상의 꿈」 전문

"작은 오카리나를 선물했"던 그가 "손끝으로 그려 보내 준 문자를/여러 날 지우지 못하고 잠이 든다." 그러다 "새벽, 귀뚜라미" 소리를 "알람소리"로 듣고 "다급히 일어난다." 왜 그랬을까? "깊은 산속 외로움이 사무치거든 걸어주라고/사랑하는 사람 무덤가에 두고 온 휴대전화"가 생각났기 때문이다. 혹시라도 "사랑하는 사람"이 전화를 건 것은 아닐까? "새벽, 귀뚜라미" 소리를 "사랑하는 사람"의 전화로 알아듣고 깨어난 시인. 그러나 현실의 소리는 여전히 "귀뚜라미" 소리일 뿐이어서 "이제나 저제나 소식 오려나 기다리다/먼저 그리움을 참지 못해 걸어본다." 전화를 받지 않아서 그럴까. 시간이 오래되어서 그랬을까. "허겁지겁 배터리를 채우러/산으로 가는 꿈의 마차를 탄다." 그 이유는 "사랑하는 사람은 사랑하는 사람 곁에선/영원히 잠들 수 없기" 때문이다. "천상의 전화 기다려도 얼뜨기는 아니"라는 자심감과 당돌함이 바로 그 마음에서 나왔기 때문이다. "산으로 가는 꿈의 마차를 탄" 시인을 보노라면 그것이 현실일 수도 있고 가상일 수도 있겠다는 두 가지 생각이 든다.

실제로 무덤가에 휴대폰을 두고 왔고, 그 휴대폰의 배터리를 갈아주기 위해 달려가는 자신의 모습을 "꿈의 마차를 탄" 것으로 미화했다고 볼 수 있다.

또는 "사랑하는 사람"의 무덤가에 휴대폰을 놓아두고 온 것을 시적 장치로 생각할 수도 있다. "꿈"이라는 것을 그대로 받아들여 시인은 언제나 그랬듯이 지금까지도 그런 황홀한 "꿈"을 꾸고 있는 것으로 생각할 수도 있다. 여기서 중요한 것은 그것이 현실인지 아니면 시적 장치인지를 따지는 것이 아니다. "사랑하는 사람은 사랑하는 사람 곁에선/영원히 잠들 수 없"다고 선언하는 시인의 마음을 확인하고 함께 공유하는 것이다. 이러한 마음이야말로 "시 속에서 쉬고 싶"은 시인의 바람이 무엇인지를 그대로 보여준다. 그 "사람"은 잠들었으나 시인은 그 "사람"을 잠들게 하지 않는다. 그 "사람"을 잠들게 하면 관계도 사랑도 끝나는 것이요 자신 또한 잠들고 마는 것이기 때문이다. 그래서 현실에서는 잠들지 않게 할 수 없으나 시 속에서는 잠들지 않게 할 수 있음을 알아, 시 속에서 영원한 관계의 쉼을 누려보는 것이다.

"깊어가는 가을" 시인은 "홀로 밤길"을 걸으면서 "풀숲에서/쉼 없이 들려오는 전화벨소리"(「가을통신」)를 들었다. 그것은 일종의 사랑의 시작이었다. 그러나 이제는 "새벽, 귀뚜라미 바스락거림에도 놀라/알람소리처럼 다급히 일어"나는 사람이 되었다. "깊은 산속 외로움이 사무치거든 걸어주라고/사랑하는 사람 무덤가에 두고 온 휴대전화"가 있기 때문이다.

"가을"보다 더 깊은 시의 계절을 살고 있는 시인은 주머니 속의 휴대전화를 틈만 나면 만지작거릴지도 모른다. "영원히 잠들 수 없"는 "사랑하는 사람"이 언제 전화를 걸지 모르기 때문이다.

그 사랑의 순간은 "잠시였기에/눈부시게 아름다운 봄날"(「낙화」)의 낙화같이 짧았을지라도, 그 사랑의 마음은 "미친 그리움"이라고 할 만큼 절절했다.

누운 그대 머릿속에 푸르게 흐르도록
영원히 살고 싶은 나의 영혼

비오는 날 비 맞으며 빈 수레를 끌고 가는 나를
사람들이 미친 여자라 불러도
그대가 그리우면 돌아다닐 수밖에
어쩌랍니까
그런 사랑 하나 가지지 못한 사람들이 안타까운 걸
어쩌랍니까

—「미친 그리움」 부분

"죽음은 문턱 없는/삶의 뒷마당이"(「숨바꼭질 」)다.

그 "뒷마당"에 들어가는 사람들은 "뜨겁지 않으면 사람도 아니"(「그날 하루 」)라고 일갈한다. "더 사랑하려마"(「나의 법칙」)라고 나직이 외친다.

이것이 '시 속에서 쉬고 싶은 시인'이 연주하는 소나티네의 주제와 변주다.■